천년의 바람

천년의 바람

A Thousand Years of Wind

深原 권상목 시집

권나영 표지

도서출판 천우

● 시인의 말

천 년 동안 속세에 불던
바람의 언어는 모두 시가 되었지만
나는 아직 한 줄도
받아 적지 못했습니다
다행히
천년의 바람이 다시 불고
길었던 만행(萬行)의 시간 끝에
마음에 닿는 바람 몇 조각 수습해 보내니
당신에게 가 닿더라도
두 손으로 따뜻하게
안아주시길 바랍니다

深原 권 상목. 두 손 모음

무아의 경지를 능가한 구원의 등불

감성철학자 **김 천 우**

문학평론가 · (사)세계문인협회 이사장

『천년의 바람』 시집은 독자들에게 많은 공감대를 형성케 하는 구심점 역할을 하고 있으며 공식 등단 이후 단단하게 녹여내는 언어의 미학을 심도 있게 채색하고 있다고 본다. 즉 "스스로 귀의하고 법에 귀의하라. 자신을 스스로 진리의 등불로 삼아, 그 진리에 의지해 살아가라."는 석가여래의 『대반열반경』에 게재된 글귀가 권상목 시인의 작품집에서 혼연일치가 되어 갈증나는 영혼을 다스려 준다.

권상목 시인은 불법사상과 진리를 통하여 자아성찰의 행로에 걸림 없이 구축하는 구도자와 같은 무아(無我)의 경지(境地)를 넘어선 일체의 상념이 없음을 음미하면서 잡념과 속세의 복잡다단한 생각의 각(覺)을 깨친 무념무상을 노래하는 문학정신이

출중하고 공덕을 많이 쌓아 온 덕인(德人)이다.

> 당신의 그림자를 지우다 본 밤하늘/ 달빛에 번지는 노래가 하얗더이다// 이 마음이 당신 마음일 것 같아서/ 그 사랑이 내 사랑일 것 같아서// 천년이 있으면/ 천년을 흐르는 동안,// 이 마음이 그 마음이고/ 당신 마음이 내 사랑이 되는 날// 당신과 나 사이에도/ 천년이 있다 하겠더이다// 당신의 얼굴을 가리지 못하고/ 달이 기우는 만큼// 마음이 자꾸 당신에게 기우는/ 바람은 왜 부는지 궁금하더이다
>
> —『천년의 바람 1』 전문

권상목 시인의 시세계는 인도의 신화에서 언급하는 상상 속의 성산(聖算) 수미산(須彌山), 즉 대서사시인 『마하바라타』에서 깊고 넓은 불법의 세계를 전파하고자 하는 예리하고 섬세한 시의 관철력이 수려한 시인임에는 틀림이 없다. 첫 시집을 통하여 중생구제는 물론이요, 시시각각 변화무쌍한 세상에 구원의 등불이 되기를 소망하며, 『천년의 바람』 시집 출간을 축하하면서 삼천리 방방곡곡 독자들에게 사랑받는 훌륭한 시인으로 거듭나기 바란다.

제1부

눈 속 홍매화

제2부

낙엽에 실어 보낸 날

제3부

천년의 바람

제4부

소나무 숲길

제1부

눈 속 홍매화

제비꽃

여린 보랏빛에 멈춘 걸음
길옆 얕은 풀숲
조그만 제비꽃이 피었다

잎보다 긴 줄기 끝에 매달려
이른 봄볕을 모으며
살며시 뿌리는 미소

꽃대의 가냘픈 몸짓에는
계절 소식 놓고 가는 인사
내년에도 다시 온다는
뿌리의 약속이 함께 흔들린다

달마산 오르니

하늘을 찌를 듯 울창한
동백나무 숲길 지나면
사방에 흩어진 바위 품에 안겨
구름처럼 앉은 도솔암을 만난다

달마산 지나가는 바람 소리가
잠시 머물다 가고
날짐승 무리 하늘가에 잠시
쉬었다 가는 곳

돌탑마다 쌓여있는 시절 인연을 지나
모퉁이 돌아가면 작은 연못 하나
수려한 연꽃이 곱게 피었다
처마 끝 매달린 풍경소리
나지막이 흔들릴 때
침묵은 마음속에 스민다

골짝마다 세상 시름 묻어두고
도솔천 심혼의 노래

깊어 가는 도솔암
그 아늑함 속으로 숨어드는
달마산 숨소리

낮잠

한잠을 곤히 자고 나서도
멍한 적막은 그대로입니다
꿈결에서 웃어 준 허전한 빈자리
지나가는 빗소리에
한없이 떠밀려 사라진
나른한 휴일의 봄날 같은 꿈
남은 그의 편린은
순간의 흔적으로 새겨져 있고
오늘도 꿈에서 도원경을 찾아 헤맵니다
한 생이 지나 다겁생이 와도
그대와 도반이 될 수 있다면
나는 당신을 기다리겠습니다

예언

두 정강이에 골바람이 쓰리듯 지나간다
나그네살이에 많이도 흘러 다녔던 무릎뼈
심해와 같았던 불면의 밤들
소주 병나발을 움켜쥐고
고행의 순간이 낮달처럼
여명이 지평선 위에 덩그러니 올라올 때
물결 일렁이는 뗏목에
홀로 의지한 듯 고운 달빛이 내려앉는다
저수지 물풀은 밤 이야기를 오롯이
부여잡은 명줄이 되어 나풀거린다
아프고 쓰렸던 두 무릎을 이끌고
까마득하게 지나온 날은
이름 모를 곤충의 더듬이처럼
어디인지도 모를 그곳으로
눅눅한 동굴을 지나 또 가고 있다

봄

밤이 펼쳐 놓은 고요를 딛고
어둠이 창밖에서 속삭입니다
달이 시린 시간을 지나는 동안
별들이 봄을
살며시 빛으로 내려놓습니다

홀로 선 내가 외로워 보였던지
아직 이른 저녁
겨울 지난 자리에
봄이 슬쩍 다가와 앉습니다

한 계절이
속절없이 떠난 자리에
또 한 계절이
다가와 곁을 지켜줍니다

밤비

밤이었고 비가 내린다
사슬 같은 구속의 그림자도
온 밤 사무치던 사연도
빗소리에 녹아 흐른다

어둠을 걷는 연인들의 발걸음
힘겨운 시간을 견딘 사람들의 푸념도
어둠에 스며들어 함께 흘러간다

젊음이 지고 난 뒤 깊어진 그늘에
옷깃 한 자락을 적시는 도시의 빛
울컥 가슴이 시리게 내린다

점멸하는 밤거리
어둠 속 환한 불빛을 따라
우리의 이야기들이
밤비처럼 도시의 골목길을 걷고 있다

배롱나무

고요한 산자락
외롭게 서 있는
배롱나무

오랜 세월의 한
속 깊이 품은 너
잎새 끝에 새기고 맺었던 언약
가지마다 붉게 피워내네

짙어가는 저녁노을 너머에 쌓아놓은
추억 한 줌
다시 되살아나는
붉은 기억이여

빗방울

단청에 맑은 풍경 한 방울 매달려 있다
오색 빛깔 세상 뒤로하고
푸르스름한 머리 깎고
가장 아슬한 투명이 되어있다

가을 산사를 가둔 빗방울,
세상을 가두기엔 너무 맑고
버리기엔 너무 작다
그 안에서 목탁 소리 들리면
처마 끝 기왓장 골마다
공양이 한창이다

한 줄기씩 똑똑 듣는 맑은소리
내 어릴 적 동무 같은 목어는
가끔씩 빗방울 속에 숨어들어
속세의 가쁜 숨을 내쉰다

진달래

고용산기슭
어설프게 바위틈을 비집고
피워낸 연분홍 꽃잎들
먼 고향 하늘 바라본다

봄 마중처럼 여기저기 몰려다니던
볼 빨간 아이들
봄바람에 이리저리 흔들리다가
마침내 흩어지는 꽃잎들

순간처럼 스쳐버린 봄
눈앞에 아른거리는
고용산 진달래꽃
멀어져 간 친구 생각처럼
하르르 진다

회상

돌아보면 바람처럼
홀연히 지나온 발자국
멀찍이 서서 손짓하던
지나온 날들

수많은 계절 비바람을 견디고
풍성한 잎과 그늘을 이룬 나무들
나의 시간도
깊은 뿌리를 감추고
무성한 새 삶을 피워냈다

거울에 비친 주름진 얼굴 너머
수많은 장면들이 파노라마처럼 흐르고
멈춤 없이 달려온 시곗바늘은
그날의 이야기를 속삭이고 있다

긴 여정을 함께한 지친 몸
다시 연둣빛 잎을 밀어 올리며
가자! 다시 희망의 봄으로
푸른 숲 푸른 언덕으로

남해 보리암

마음속 깨끗한 지우개 하나 숨기고
두고 온 인연 수미단(須彌壇)에 올렸다

하나둘 속세 인연 지워가는
여승의 독경

초승달 앞세운 새벽녘까지
금산 언저리에 낭랑하게 스며든다

귀청을 스치는
해변의 파도 소리 모래 소리

짧았던 우리 인연
출렁이는 파도 속에 잠겨 든다

눈 속 홍매화

봄바람 불어오던 곳으로부터
갑자기 하얀 눈꽃송이가
온 누리를 뒤덮었다
바람 없는 맑은 날 이른 새벽
바쁘게 오가는 사람들 발길
멈칫하게 하는 눈 속 홍매화

곱디고운 꽃잎 사이로 끼어든 봄눈
무릉도원이 이보다 화려할까
망막에 선명히 그려질 눈 덮인 매화꽃
천상에서 지상으로 사뿐히 내려앉은 듯
햇살에 미소 짓는 환한 웃음

계절은 느닷없이
연둣빛 도화지에 물감을 흩뿌려
바알간 수채화 한 점 그리고 있다

무화과

남도 어느 마을
갓길에서 담아 온 무화과
한 손에 쥐면
갑자기 허기가 오른다
두 손으로 쪼갠 둥근 속에
어릴 적 고향 냄새 가득하다

담장에 기댄 무화과 가지마다
멀리서 뻐꾸기 소리 산짐승 소리
몰고 온 바람이 와 앉던 밤이 있었다

나이가 들수록
그날의 기억들이 자꾸만 모여들어
그립고 쓰리다

무화과나무도 허옇게 늙어가는 계절
나는 쥐었던 무화과를
다른 손에 옮겨 쥐고
낯선 타향 무화과나무에
다시 걸어 놓는다

춘분 단상

삼월 즈음
섬진강 돌아드는 봄기운 마중하듯
찾아간 화엄사
산수유꽃 면사포 씌운 눈꽃 축제 장관이다

해마다 이때다 하고 찾아와도
늘 비켜 가는 홍매화 꽃잎
하지만 진눈깨비 속에
노오란 산수유라도 피어 좋은 날

내년에 바람처럼 다시 오자고
섬진강 푸른 물에
봄소식 풀어놓고 온 날

오늘도 어제처럼
아무 일도 없는 무심의 시간들을 위하여
또 저물도록 지평선 위를 걷고
기울어 가는 하루를 여며
제자리에 있다

밤하늘

별들은 어떤 사연으로 반짝이는 걸까
짊어지고 가던 무거운 짐
잠시 곁에 내리고 올려다본 하늘

문득문득 그립지만
되돌아가고 싶지는 않은 고향의 푸른 언덕
그때 그 무리들 틈에서
엄마 없는 어린 가슴은
시간이 흘러도 설움 덩이만 쌓여간다

꽁꽁 얼어붙은 도랑에서
언 손 호호 불며
어설픈 솜씨로 깎아 만든 썰매를 타고
형들이 지펴놓은 모닥불에
구멍 숭숭 난 나일론 양말은
별들이 듬성듬성 비어 있는 밤하늘 같았다

지금은 수몰되어 모두 흩어져
어디서 무얼 하고 사는지 모를
마을 사람들 소식이 아련하다

혼자 있는 밤
문득 고개를 들면
별 하나 기억 하나
별 하나 친구 하나
밤이 새도록 멀리서 아득하게 반짝인다

제2부

낙엽에 실어 보낸 날

염주 주머니

산사의 풍경소리 바람 속으로 번지면
아픈 무릎 감싸 쥐고 길을 나선다
천년을 엮은 소나무 숲
한 알 한 알 서원을 담아 오르던 산길
걸음마다 쌓은 수천수만 기도들
낡은 염주 주머니 속
발자국마다 얽힌 인연 끊으며
온몸에 녹아드는 풍경소리
자식 걱정 이웃 걱정
일체중생 업장소멸 소원성취
닳은 무릎 다시 세우며
합장하는 어머니

벌초

움푹 파인 숫돌에
아버지 놓고 간 녹슨 낫이 갈리고 나면
수건 목에 두르고
막걸리 한 병, 포 하나, 물 한 병 들고
산을 오른다

비석들 사이 누워 잠든 숨소리 깨워 보지만
말없이 잡풀 사이로
들국화 한 송이 슬며시 내미시는 아버지

낫질 소리에
또 한세월이 눕고
그 옛날 기억 속 모습처럼
금세 무덤이 환해진다

마지막 땀을 닦으며
산을 내려오는 길
멀리 산허리에서 아련한 소리 건너온다

‘짧은 인생
봉사하면서 착하게 살아야 한다’

약국에서

어제저녁부터 몸이 으스스하더니
몽롱한 밤을 보냈다

집 앞에 두 군데 약국이 있는데
한 곳 약사는
길을 가다 마주쳐도 인사 나누고
한 곳은 감기약 사러 갔는데
비싼 영양제를 권한다

지난밤 진땀을 참기 어려워
휴일에도 문 여는 뺀질이 약국엘 간다

약사가 권하는 약은
다 먹어야 할 것 같은 생각이 순간 들었지만
영양제의 긴 설명에도
나는 동요하지 않고 매정하게
감기약만 받아서 약국을 나왔다

약을 먹고 누웠는데
이번엔 거세게 몰려오는 두통
초토화된 몸을 일으켜
따뜻한 보이차 한 잔 진하게 우려 마시고
다시 잠을 청했지만 역시 실패다

하는 수 없이 이번엔 자가 처방
머리에 대일밴드 하나 붙이고
소화제 한 알 먹고 다시 누우니
차츰 가라앉는 두통
감기는 약 먹으면 일주일 안 먹으면 7일이랬나
밴드 붙이고 소화제 먹고
신비한 마음 한 알 함께 삼키면 금세 낫는 것을

묘지기

산기슭 너머 묘지기는
지나는 바람과 이야기한다

인연이 다한 그들의 숨소리는
봉분 속에서 차츰 잦아들고 있다

낯선 길을 가는 이와
먼 길을 배웅하는 이의
이야기들을 이어주는 사람

달빛 환한 무덤들은
내 아버지의 별
친구의 별
긴 울음이 부푼 설움 같은 것들

하루를 반으로 접어
머무는 이와 가는 이에게 절반씩 나눠주고
밤이면 낯선 별 하나 품고 잠이 든다

판부면 금대리(소쩍새마을)

홀로 된 사연이 흐느끼는 마을

산 그림자에 안겨
잠기는 목소리로
밤마다 누군가를 부르는 소리

동행을 잃어버린
작은 가슴은
외톨이가 된 숨소리만 혼자 남았다

동공에 서린 마음
부둥켜안은 서글픈 사연

자그마한 손 흔들며
헤어짐이 서러운 소쩍새 한 마리

온 밤 사무친 날들도
따뜻한 가슴 그리며 울고 간다

배웅

창밖에는 스산한 바람 소리
어김없이 하루를 몰아붙여
남은 달력 끝자락에 쌓여 갈 때
먼 길 떠난 친구도
아프지 않게 내려놓는다

애써 이별의 말 건네지 않아도
너는 저물고
습관처럼 내 슬픔도 함께 저문다

길모퉁이를 돌아가는 찬 기운
마지막 술잔에 남은 하루를 띄우고
바람 소리 벗 삼아 홀로 술을 마신다

유난히 길 것만 같은
겨울이 저만치서 손짓하는 밤
나는 또 이렇게 살아
영영 돌아올 수 없는 길 떠난 네게
손 흔들며 작별을 고한다

봄은 온다

햇살이 무슨 사심이 있어
한쪽에만 밝은 빛을 줄까
꽃과 나무가 무슨 욕심이 있어
서로 뒤엉켜 싸움판을 벌일까
응달 한쪽에서
애면글면 기다리던 새잎이
살차게 돋는다
양지에는 햇살 가득 받아 피는
꽃과 잎들 무성하지만
햇살 없어도, 투쟁하지 않아도
저마다의 모습으로 피고
홀연히 살아가는 생명이 있다
돌 틈 사이 어둠 자리로
뻗어 나가는 힘찬 가지
민중의 세상이 봄처럼 온다

낙엽에 실어 보낸 날

시린 기운이 창밖에 머문다
작별이 못내 아쉬운 낙엽 한 장
백설에 짓눌려 사라져 간다

낯선 내일 앞에서
그리움 가득한 기억이
오늘의 어둠에 깊이 숨어든다

허공을 넘나드는 시간들이
자꾸만 고개 내밀어
어둠 속을 들여다본다

문풍지가 윙윙 울던 겨울
화롯불 가에 도란도란 모여 앉아
군고구마처럼 익어가던 그날 밤
희미하게 묻어둔
차마 잊어지지 않는 아련한 추억들

함박눈 쏟아지는 날
가슴에 가득 쌓이는 그날의 노래를 들으며
어둠 속 기억을 더듬거린다

나물 반찬

4월의 저녁밥은 푸르다

산과 들을 헤매며 만난
푸른 순들과 밀담하듯
다가서는 여인네들

산 두릅 참나물 냉이 달래
도랑 옆 마주친 돌미나리까지
환한 얼굴로 꺾어 든 향기

향긋한 초록이 버무려지는
사월의 농막 옆 평상에서는
밥상이 푸르고 입맛이 푸르고

서산을 넘어가는 저녁조차도 푸르다

나그네

아직 겨울을 벗지 못한 계절
산기슭 응달진 곳에 아직 서릿발 차갑다
오늘도 어디론가 길을 나서는
나그네의 심장에 흐르는 피는
산이라도 훌쩍 뛰어넘을 듯 벅차다

휘어진 등에 올라탄 현실의 무게
길게 몰아낸 숨소리가 산길에 번진다
멀리 보이던 산등성이 바위 아래
기다림 괴로움 고독 배신을 툭 던져놓는다

저만치서 오는 봄소식은 더디기만 하고
저물도록 햇살이 비치는 지평선 위로
끝이 기울어 가는 하루를 여며도
겨울은 좀체 떠날 생각이 없다

다 놓고 가는 줄 알았는데
생각은 아직 걸음처럼 무거워
애써 웃음이라도 던지며 가는 환한 길
끝은 아직 보이지 않는다

떠나가는 봄

먼발치 앞산 연홍빛 꽃 만발했던 곳
눈 감으면 강 건너 마을 아이들 웃음소리
분홍빛 묻은 발자국이
하늘까지 닿을 듯
온 산을 가득 덮었다

새벽이슬은 소리 없이
앞마당 대문을 밀고 들어와
담장 가 감나무잎에 머물고
바람이 봄 향을 몰고 와
흙담 안을 엿보고 있다

노인은 무언가를 잃은 듯
문밖을 보고 있다
꽃을 잃은 것은 봄만이 아닌 듯
고향집 마당에는 꽃도 사람도
함께 시들어 간다

노인의 휘엇한 걸음걸이
굳이 나이를 묻지 않아도
가는 방향을 알겠다

고향집
— 수몰 지역

간밤, 지친 새벽안개는
옛집 기웃거리다
한 아름 그리움 안고
여기까지 온 걸까

담장 가 감나무는
사철 앙상한 가지만 펼쳐져 있다
댓돌 귀퉁이에 벗어놓은 신발
부엌 아궁이 부지깽이도
아직 물속에서 떠나간 이들을
그리워하고 있겠지

아득한 듯
어제인 듯
돌아갈 곳 없는 옛 친구들

고향 잃은 노인의 설움 섞인 음성
지금도 마음 한편 아려와
기억 속 비포장 길 더듬어

물결 닿지 않는 곳에
무화과나무 한 그루 심으러 간다.

월명암 가는 길

하늘 끝자락에 맞닿은 산길
한 발 두 발 걸어
쌍선봉 월명암 오를 때
내딛는 걸음마다
업장 소멸 금일 참회
아득한 길 떠난 임
서방정토 극락왕생 발원할 때
마침내 눈앞에 펼쳐진
산상무쟁처

의상봉 관음봉 낙조대 품고
어둠 속으로 사라지는 변산 붉은 노을
임 가신 그날 잊으려
다시 찾은 해넘이
붉은 해 수평선에 무너진 자리에
어둑한 마음
혼자 우두커니 서 있다

비 오는 부석사

비 맞은 풍경(風磬)이
처마 밑에
펼치는 지느러미

허공에서 제 자리만 맴돌다
빗줄기에 새기는
물의 경전

그 찰나의 불사에
돌을 들어
비를 가리는 선묘 낭자

향운암 마애불

돌계단이 하늘에 닿아
탑이 된 향운암

하늘매발톱꽃
문지기로 나와 마중한다

귀한 손님 온다고
깨끗한 산문 앞을

거대한 빗자루로
쓸고 또 쓴 마애불

바람 한 자락에
번뇌 한 말 섞어 보내는

마애불의 미소 위에
구름이 가볍다

제3부

천년의 바람

빨래

우물가에 쪼그려 앉아
빨래를 하시는 어머니
나는 세상이 점점 선명해 보이기 시작했다

손아귀의 온 힘으로
빨래의 물을 짜는 어머니
나는 뒤틀린 세상의 결을 읽을 수 있었다

새하얗게 빨아 널은
빨래들을 흐뭇하게 바라보시는 어머니
나는 비로소 펼쳐져 세상에 펄럭이게 되었다

세상에 찌든 옷을 벗어놓을 때마다
감쪽같이 빨아 놓으시던 어머니
나는 집게에 물린 빨래처럼
어머니의 흐뭇한
눈길 앞에 널려져 있다

월명암 서어나무

달빛에 물든
부처님 말씀 들어나 보자

빈 가지가 흘린 차가운 골바람
남은 게 있는지 손을 대 흔들어 보자

노스님 죽장
닳은 손잡이 잡아나 보자

드러난 나이테에 다닌 길이 보이고
마지막 드신 공양에 서어나무 우는지 보자

삶의 무게

들녘 자갈밭은 뜨거운 여름
한 움큼씩 삶을 덜어내며
힘겨운 한 인생이 호미질을 하고 있다
한 소쿠리씩 담아내고 털어내어 흩어보지만
말없이 스며든 고요의 무게
어느 날 두 갈래 길에 얽혀
홀연히 되돌아올 수 없는 그곳으로
모든 기억을 지우고 떠난다

막노동에 내몰렸던 절망의 시간들도
빛조차 외면하던 날들도
허공으로 흩어지고
차츰 멀어져 가는 기억에서
어렴풋한 삶의 수레바퀴에 흔들리다
입술에 머문 말들은 부서지고
꺾이지 않는 나무가 되어
하늘 위 나이테를 하나씩 긋는다

토요일 오후 세 시 버스

하루 세 번 왔다가는 시골 버스
차장이 손님들을 구겨 넣으며
버스 외판을 탕탕 두드린다
'오라이 오라이'
뒷문이 채 닫히기도 전
숱한 사연들을 매달고 출발하던
내 사춘기의 어느 한때가 거기 있었다

수업이 일찍 끝난 토요일 오후
집 앞마당을 서성이며
먼 곳의 소식처럼
오후 세 시의 버스를 기다린다

그 애가 있을까
교복처럼 새하얗던 그 소녀
남몰래 내게만 지어주던 웃음
길고 멀기만 했던 세 시는 마침내 오고
버스가 멈췄다 떠난 자리에는
실망처럼 뽀얀 먼지만 일던 세 시의 기억

토요일 오후 세 시는 지금도
먼 기억 속에서
기다림과 설렘을 싣고 오던
시골 버스처럼 왔다가
옛 기억만 내려둔 채 떠나가고 있다

무궁화

길섶 꽃잎들이 환하게 밝아
등불처럼 어두운 길을 비추네
인고의 날을 견뎌
다시 서로 스며야 할 마음에도
새하얀 꽃으로 피네

꿈 한 자락 베어 물고
떨고 있는 휴전선
분단의 아픈 상흔 흐르는
임진강 건너편 길에
무궁화 한 그루 마음으로 심고 가는 길

훗날 지등(紙燈)처럼 하얀 꽃들 피어
갈라진 틈 촘촘히 메워내겠네

천년의 바람 1

당신의 그림자를 지우다 본 밤하늘
달빛에 번지는 노래가 하얗더이다

이 마음이 당신 마음일 것 같아서
그 사랑이 내 사랑일 것 같아서

천년이 있으면
천년을 흐르는 동안,

이 마음이 그 마음이고
당신 사랑이 내 사랑이 되는 날

당신과 나 사이에도
천년이 있다 하겠더이다

당신의 얼굴을 가리지 못하고
달이 기우는 만큼

마음이 자꾸 당신에게 기우는
바람은 왜 부는지 궁금하더이다

천년의 바람 2

미륵사지 탑 그늘에
서동과 선화의 이야기가
그날의 바람처럼 앉아 있다

그 바람
서쪽 용화산 용화 세계에 머물다
석탑 위를 스치며
오가는 발길마다 가슴마다
먼 이야기 놓고 간다

벌판의 먼지만 일으키던
서동 선화의 바람
땅속 깊이 앉은 돌조각들을 일으켜 세워
천삼백 년 먼 시간을 불러낸다

천년의 바람 속을 가르며
장엄한 도량이 펼쳐졌다 사라지고
미륵산이 간직한 긴 역사
바람처럼 풀어놓는다

푸른 하늘 가로질러
이야기를 긋고 지나가는 새 한 마리
천삼백 년 수행터 그날의 모습
나도 전해 들었노라고
날갯짓하며 하늘 속으로 사라진다

옛 마을

길모퉁이 허름한 무인카페
객지살이 수십 년에 마주 앉은 친구
찻잔 속에 파고드는 옛이야기
흘러간 세월을 되새기는 그날 같은 오늘
나이테처럼 쌓인 그물들이
그림자 곁을 빙빙 맴돌며 덮쳐온다
봄이 오면 형형색색의 고향 언덕
바람결에 흩날리는 꽃잎은
어린 시절 그리움을 묻혀 나르네

산수유 산 복숭아 수놓았던 뒷산
물장구치며 놀던 아이들
머루 다래 풍성한 가을 산골짝
얼어붙은 신작로 흙길 따라
가끔씩 차바퀴가 긁어 파인 곳에
물이 고여 엉덩방아 찧었네
고인 흙탕물에 양말이 젖고
엉덩이가 얼어붙어 학교 가는 길

떠나 온 고향보다
머물렀던 날이 더 긴 타향

이제는 여기가 고향이려니
한나절이면 오고 가는 천 리 길
멀다고 느낀 적 없어도
계절 따라 떠오르는 그날의 단상이 있네
솔방울 나무둥치 하나 던져 넣어
긴 겨울을 달래주던 정든 교실
겹겹이 쌓는 양은(洋銀) 도시락밥 타는 냄새
녹슨 철 난로 기억이
그날의 따뜻한 선물로 가슴에 안기네

은행나무 길

초겨울, 바스락거리는 은행잎
빛바랜 과거 가슴에 묻고
허공을 응시하던 노모의 흔적
바람결에 쓸쓸하다

손등 주름마다
살아온 깊이만큼 골이 되고
나는 눈 감고 그 길 더듬는다

창밖으론 길섶에 흩날리는 은행잎들이
무심한 사람들 발길에
밟히고 짓이겨져 가루로 남는다

한때 저 은행잎처럼
노랗게 반짝이던 청춘도 있었는데
어느새 저 낙엽처럼 세상에 흩어져
쓰라린 시간만 속절없이 보내는 어머니

침대 모서리 잠 못 드는 긴 밤
떠날 채비를 하고
창 너머 아득한 골목을 바라보는 눈물
흔적 없이 사라질
바스러진 은행잎, 은행나무 길

시골 장터

여름날 아버지 따라 간 시골 장터
누렁이 소를 몰고
십리 길을 걸어 온 동네 아저씨가 먼저 반긴다
낮부터 막걸리에 취한 옆집 아재 소리와
고래고래 목청을 돋우는 장사꾼들
모퉁이를 돌아 구석진 곳에서
종지에 윷가락 흔드는 소리에
장터는 이미 야단법석이다
아버지 걸음이 과일 좌판 앞에 멈춰 선다
아지매, 이 수박은 얼마요?
익숙한 듯 흥정을 붙는 아버지 덕에
깨진 수박을 통째로 갈라놓고
둘이서 쓱싹 해치운 뒤
남은 식구들 생각에
밀떡 한 덩이 포도 몇 송이
신문지에 돌돌 말아 되짚어 다시 십리 길
어스름 달빛을 따라 걸으면
스프링 달린 운동화 신은 마냥
발길이 가벼웠다

그때의 아버지보다 나이를 더 먹어버린 내가
오늘은 식구들 데리고
오일장 골목에 잔치국수 먹으러 간다

효자 이야기

"마한너무 소성들 지게 짝대기까
마카다 새리 훌배뿔라 마"
외국말이 아닙니다
먼 하늘 저곳에서
낭랑한 목소리로 웃고 계실
어머니 고함 소리입니다

친구 집 모내기 날
못줄 가운데 끼어들었지만
무서운 거머리 때문에
한쪽 다리를 들었다 놨다 부리는 꾀에
속이 터진 어머니의
정겹고도 그리운 목소리입니다

세월 지나 요양원에 문안 인사 갔을 때
반갑게 두 손 꼭 잡아주시던 어머니
오늘은 앞 침대 할머니 흉을 보십니다

"저기 앞에 할마시는 백 살도 넘었는데
밥만 주면 와 대가리 처박고 자불고 저 카노
희한하데이"
시골 깡촌에는 교회가 있을 리 없었다

요양원의 날들이 쌓여가는 만큼
그때의 모습은 점점 사라져 가고
궁금증은 자꾸만 커져만 간다

힘들 때마다 늘 웃게 해 주시던 어머니
모심던 아들들은 내내 잊지 마세요

곡교천 철새

경고 현수막이 나풀거리는 인간 저지선
겨울 강변에 나서면
지천으로 피어난 갈대를 만난다
비바람과 황사 거친 태풍에
서로 부둥켜안으며 몸을 의지하는
그 인고의 시간들 틈에서
한 무리 철새를 또 마주친다

강바람과 들바람 사이를
서로 교차하며 치솟던 무리들
사람들 발걸음이 멈춰진 곳에서
새 떼들은 평화롭게 강변을 걷는다

얼음이 군데군데 남은 곡교천
한 편의 물오리를 피해
철새들도 조용한 격리를 택했다

알 수 없는 병균에 사람들 사라진 곳에
자전거길 따라 방역차 한 대가 지나가고
새들의 날갯짓만 공중에 가득하다

마지막 합장(合掌)

마음은 몸 뒤에 있어
몸이 먼저 들어 올리는

두 바닥의 손

열 손가락의 힘이
가득 찬 업을 밀어내며

성불을 축원하는 찰나,

손안에 불난 열반경
노스님 다비식에

올리는 마지막 인사

도둑의 예의

사람으로도 안 쳐준다는
작대기 두 개짜리 군바리가 휴가를 나왔다
찬 기운에 젖어있는 물속으로 첨벙 뛰어든다
토함산과 명활산의 기를 모아
알천으로 흐르던 물이 잠시 머무는 애기청소
낚시에만 집중하는 친구에겐 귀찮은 훼방꾼이다

가방을 챙겨 들고 군바리의 구령에 맞춰
오솔길을 지나 밭두렁을 지나며
이름 모를 채소를 훔쳐
매운탕 안주를 만들 작정이다

밤을 지나 새벽녘
동이 난 매운탕에 앞집 사과밭을 습격한다
철문을 뚫고 겨우 진입했는데
덩그러니 막아서는 무덤 하나
아무리 도둑이라도 예의는 지키자 싶어
비틀거리며 두 번 절하고
허리띠로 단단히 묶은 웃옷이 터질 만큼

담은 사과를 안고 돌아 나오는 길
다시 무덤에 하직 인사도 착실히 드리고 나왔다

늦잠을 자고 사우나로 향하는 길
어젯밤 그 사과밭을 지나는데
아무리 찾아봐도 무덤은 없고
유난히 많이 달린 사과나무 옆에
주인이 수북이 쌓아놓은 거름 무더기
아 원효성사시여 일체유심조여

부도전

적송 잠 깨어 아침햇살 눈 비비고
사천왕처럼 우뚝 솟은 나무 뒤로 숨은

이승의 마지막 독경
돌로 덮어 놓았다

생전에 쌓아 올린 공덕과 수행이
바랑을 뚫고 나가 바람으로 흩어져

법문을 새기지 못한
큰스님의 한 말씀

속적삼 벗어 쓴 해탈의 오도송이
부도 앞 합장하는 동자승 눈동자에

법구경 어른거리며
만행 길을 일러주었다

제4부

소나무 숲길

백석암

선지식을 찾아 나선 어린 선재
산어귀를 돌아 걷다가
절집 마당에 독백처럼 서 있다
종각에 매달린 운판의 공덕일까
여기서는 날짐승들조차 해탈의 소리로 운다
잔설이 남은 산정으로 번져가는
산사의 독경 소리를 따라
한 발 한 발 허물을 벗는 발자국이
허방을 건너 하얀 섬돌을 밟는다
도량 어귀 살얼음 낀 옹달샘에서
찬물 한 바가지 뒤집어쓰고
온몸의 세속업장 녹여낸다
찬기 가득한 마룻바닥에서
밤낮 이어지는 참회의 무게
하늘 품은 노을과
어둠으로 숨어든 한낮과
그믐달이 들어앉은 바랑과 화엄을 지고
떠나고 싶어도 떠날 수 없는
화천리 백석암

묵묘 1

강 건너 마을
찬바람 일고 서리 내리는 날
어느 초가집 지붕 위에
하얀 저고리 던져져 있다
누군가 긴 여정 떠나는가 보다
지붕 아래 마당 그늘진 곳
햇살도 따라나선다

꽃장식 가마가
청미래 가시덤불 헤쳐 가며
새소리 물소리
가득한 숲길 따라
고운 구름 겹겹이 수놓은 먼 하늘
아득한 길 따라

걸음걸음 짧게 놓인 흔적들
서서히 벗어나
양지바른 곳에 멈춘다
무명지 옷 하늘로 가는 천의(天衣)였다

새하얀 눈 산천을 덮을 때
어쩌다 오가는 사람들과
바람 귀로부터 하수상한
세월 풀어 듣는다

묵묘 2

뜬금없이 찾아든 겨울
차가운 하늘은 아무 일 없다는 듯 맑기만 하고
시시때때로 불어오는 바람
산야를 옥빛으로 덮어오고 있다
오늘은 아버지 산소
꽃 한 송이 올려드리는 날

그해 설날
막내 놈의 꼬맹이 아들
산소에 차려놓은 제상 앞에
놓인 나뭇가지로
할아버지 눈과 코와 입을 그려 넣었다

여기 모인 이들 하나둘 떠나고
시간도 점점 멀어지고 나면
아버지 산소는
잡초만 무성한 묵묘로 남아 있겠지

나 죽으면 누가 보살필 거냐고 물으시며
조상들 무덤 모두 화장시키고
홀연히 떠나셨던 아버지

일 년에 두어 번밖에 찾지 못하던 곳
이렇게 함박눈 내리는 날에는
가슴이 못내 시리다

일상에 지친 날들 저무는 밤
창밖에 비치는 구름과 바람
고향 쪽 산허리를 향해 가고 있다

묵묘 3

온갖 시름 잊은 듯
늘 평온한 그 자리
내 안의 나와 마주하던 터

인고의 시간 강물처럼 흘러
봉분마저 형체 없이 허물어져 간다
목젖이 아리도록 애타게 불러보아도
묵묵부답인 그곳에
포르르 날아온 접동새 한 마리가
묵묘를 지키는구나

끊어도 이어지는 인연
시나브로 그리울 때
가슴에 새겨둔 아름답던 사연들
하나씩 소환해
무너진 봉분에 말을 걸면
어느새 눈물로 달래주는 하늘

훨훨 온 세상 가로지르는
바람처럼 새처럼
나를 다녀가는 산지기

사대(四大:땅, 물, 바람, 불)로 돌아가고파
청승맞은 묵묘처럼 처연한 봉분
산지기 운명은
훨~훨~ 훨
온 세상 가로지르는
바람으로 불어 간다

묵묘 4

산 고개 능선을 지나
한숨 돌려 쉬어가는 자리
그곳에 묵묘 하나 지키고 있다

더는 외롭지 말라고
쭉 뻗은 나무들과
잔가지들의 아우성 사이로 나 있는
토끼길 옆에 상여를 내려놓던
상두꾼 발자국은 지워진 지 이미 오래

보고픈 이 오지 않는다고
슬퍼할 겨를은 없었다
먼 산 바라보며 세상 시름 잊는 동안
용 그림자 몰고 하늘 한번 다녀가고
등산객 발자국에 먼 땅 흙도 묻어온다

용궐산 하늘길* 곁에 누운 복에
지친 숨 내려놓고 앉았다 가는 이들이
부려놓는 세상 이야기 재미나다

묵묘는 무슨

이쯤 되면 명당 중 명당이지

* 용궐산 하늘길 : 용이 머물렀던 산이라 전해오는 순창 용궐산 등산로.

묵묘 5

오늘도 산길 지키는
외로운 묘비
무덤가를 걷던 사람들 흘깃흘깃
멈춰버린 시간을 읽는다

산은 산대로 바위는 바위대로
깎이고 부대끼는 동안
새겨진 글씨도 흐려져
떠난 이의 한 생애가 아련하다

평지가 되어버린 봉분을 지나가는
한 무리 사람들
하나둘 인연 따라 떠난 이름을
기억에 다시 새겨 넣는다

겨울 은적암

새들이 적막을 물고
숲으로 사라진 뒤
적막의 부스러기를 덮으며
눈이 내린다

쌓인 눈을 밟으며
멀어지는 발걸음

앞서간 발자국에
달빛이 발을 넣는다
적요가 마침맞게
들어차는 겨울밤

솔가지 꺾이는 소리에
합장하는 노스님

소나무 숲길

천년 소나무 혼 서려 있는
웅장한 입구에 들어서면
웃음 머금고 반기는 솔향
폭정의 잔재들 선명하게 새겨진 밑동을 보니
핏줄 속에 아린 마음이 감긴다

천년을 살아 이제는 기우뚱해진 자세
뭉쳐진 송진이
침략자에게 흘린 색 바랜 핏덩이 같지만
숱한 사연 다 겪고 자아내는 천년미소는
사람에게서 본 적이 없다

맑은 공기 뿜어내는 숲길을 걷다가
약사여래 부처님을 만난다
천년을 살아온 소나무의 아픔을 어루만졌을
따뜻한 손과 부드러운 미소
속세 중생 근심 걱정 모두 잊으라는
말씀이 솔잎 사이 바람으로 숲길에 번진다

동행

거친 산길을 오르내리느라
뒤축이 닳은 등산화

발바닥 압력을
다섯 갈래로 가르느라

염주알 같이 박인 굳은살

육도윤회(六道輪廻)

소리 내어 울지도 못한
목마른 기다림의 저편
미루나무 키만큼
성큼 지나버린 세월
더 이상 아프지 않게 놓아주렵니다

아파하지 말자 맹세하고 다짐하지만
이 세상 끝날 그날은
아득하기만 하고
기억 속에 쌓아둔 하루하루가
백 년처럼 더딥니다

다시는 오지 않을 거란 걸 알면서도
사모의 잔 속에 젖은 하루를 모두 묻습니다
사바세계 잠시 왔다가 머물다 간
안타까운 인연 우리 어매
육도윤회의 해진 길목 어딘가에서
다시 만날 수 있을까요

생과 사
엇갈린 윤회의 소용돌이 속에서
억겁의 날들 다 보내고
시작도 끝도 없는
하늘 저편 끝자리 어느 곳에서
이 밤도 이쪽을 바라보며 서성이고 있나요

지배자

언어들의 놀이터 손바닥 글방
말 많은 인간사
쓸모 잃은 세 치 혀에
세상은 점점 고요해진다
말도 많고 탈도 많던 세상사
손바닥이 움켜쥔다

드러누워 손가락 하나로
딱지를 치고 구슬을 친다
오장육부는 한순간에 정지된다

눈앞사람도 천 리 길
먼데 사람도 한순간에 귓가로 데려와
망중한 하루하루 손바닥에서 놀다 간다

유리판 뒤에 가둬놓은 세상
가족은 서먹하고 친구는 멀지만
세상일 모두 손가락으로 움직인다

온기 없는 사람과
향기 없는 꽃들 앞에서
날마다 심장을 잃어가는 손바닥 세상

얼마나 더 외로워져야
우리는 다시 사람 세상으로
돌아갈까

시작하는 두 사람을 위한 발원문

시방삼세에 두루 하사 아니 계신 곳 없으시고
만유에 평등하사 일체중생을 제도하시는
거룩하신 부처님
여기 다생겁의 인연으로 여래의 아들딸이
하나의 가정을 이루도록
베풀어 주신 크나큰 은혜 고맙습니다

불법승 삼보의 존귀하심을 찬탄하오며
저희 두 사람 하나 되어 참되고 슬기롭게
살아갈 수 있도록 가피 내려 주옵소서

저희 두 사람 하나 되어
가는 곳마다 부처님의 크신 가르침으로
만나는 사람마다 착한 뜻 함께하여
머물고 가는 곳에 기쁨이 이어지며
새 법을 익혀 복된 가정되게 하소서

저희 두 사람 하나 되어
언제나 자애로운 미소와 사랑과 사명으로

서로 믿고 양보하며 참는 덕행을
배우게 하소서

저희 두 사람 하나 되어
항상 바른 마음으로 삶의 기쁨과 보람 속에
삼보를 믿고 따르며 저희의 신심이
날로 깊어지게 하옵소서

저희 두 사람 하나 되어
필요한 것을 구하는 이웃에게 힘껏 베풀 수 있는
따사로운 이웃되게 하옵소서

저희 두 사람 하나 되어
항상 정갈하고 고요한 마음으로 작은 잘못도 뉘우치고
작은 선행이라도 실천하게 하옵소서

저희 두 사람 하나 되어
착한 일에 게으르거나 물러나지 않는
선행의 씨앗 뿌려 공덕의 열매를

거두게 하옵소서

무한한 지혜와 자비의 빛으로
한량없는 광명 내리시는 부처님
부처님의 원력 속에서 새롭게 출발하는
저희 두 사람의 서원을 증명하시옵고
해탈의 밝은 빛을 찾아 자비의 품에 들게
인도하여 주시옵소서

나무석가모니불
나무석가모니불
나무시아본사석가모니불

맞은 데 또 때린다

허공을 갈아대다
내 몸이 얇아지고
등뼈만 남은 가시
빈 바다를 헤엄친다

바람이
흔들 때마다
맞은 자국 또 때린다

살점을 발라내서
산새의 공양으로
처마에 걸어두면
바람이 또 먼저와

맞은 데
또 때려대며
제자리서 맴돈다

세속과 화엄 사이에서 빚어낸 시심 혹은 불심

권 혁 재
(시인, 문학평론가)

1.

금번 상재한 권상목의 첫 시집 『천년의 바람』에는 지난 과거의 시간과 기억을 통해 세속에서의 근원적인 자아의식과 불사(佛事) 혹은 불사(佛辭)의 정한에서 진아(眞我)를 회복하려는 의식과 성계의 정한을 속계의 정한으로 추구하려는 의식들로 가득 차 있음을 알 수 있다. 따라서 권상목의 첫 시집 『천년의 바람』은 대상에 대한 긍정적 정한의 의식을 바탕으로 하여 어둡고 눅눅한 기억을 극복하는 데에는 그가 직접 체험한 것을 상상력으로 환유하는 것으로부터 기인한다. 이러한 그의 상상력은 성계와 속계를 넘나들며 체득한 정한의 발로이며, 비현실적인 기억을 보다 더 현실적으로 정확하게 비춰낸다는 특징을 지닌다. 그의 이러한 정한의 의식들이 불편하고 훼손된 시대를 살아가면서 우리에게 참된 나(真我)를 찾는 정한의 가르침을 주기도 한다.

권상목의 시세계는 얕으면서 깊고 길면서도 간결하게 다가온다. 그가 바라보는 대상은 타자의 처지에서 자아를 확인하고 몇 개의 특정 대상으로부터 환유하는 정한과 더불어 그로 인한 삶을 통찰함과 동시에 진아를 찾아내려는 시도를 끊임없이 하고 있다는 사실이다. 이런 그의 끈질긴 노력은 시를 발화해 내는 원동력으로 작용한다. 사찰이나 암자를 자주 드나드는 그에게 이것은 성계의 정한에서 진아를 찾으려는 만행의 시심들이라고 해도 무방하다.

권상목이 시를 운용하는 방식은 "달마산"을 오르거나 "남도 어느 마을(「무화과」)"까지 성계와 속계를 넘나들며 그들의 정한에서 인간(화자)의 정한을 들춰내는 사실적인 자세를 견지하고 있다는 것이다. 그의 시세계는 다양한 시적 대상으로부터 특이한 정한을 탐색해 내는 모습이 곳곳에서 감지가 된다. 이를테면 "제비꽃, 낮잠, 손님, 밤비, 배롱나무, 빗방울, 진달래, 남해 보리암, 홍매화, 무화과, 밤하늘, 달마산" 등의 대상에서 사유를 확장하여 애틋하고 따뜻한 정한으로 시편을 주조해 낸다.

그의 시는 과거의 한 사건, 시간의 한 지점에 머물거나 현실에서는 대상을 부정하거나 포기하는 것이 아닌 항상 그것으로부터 회복하고 극복하여 미래로 나가려는 정한을 지니고 있다는 특징이 있다. 그러면서도 다른 한편으로는 그의 시작업은 자아에서 출발해서 자아로 회귀하려는 강한 자아의식을 지닌다. 일례로 「달마산 오르니」에서 나타나듯 달마산 "울창한/ 동백나무 숲길"에 올라 느끼는 화자의 정한이나 도솔천을 향한 "심혼의 노래"는 일상적인 대상에서 환유하는 법구경들이다. 즉 권상목의 시작업은 자아에서 시작해서 자아로 회귀하지만 그 자아와 자아 사이에는 여러 가지 종교적인 의식을 전제로 한 경건한 사유도 동시에 지니고 있다 하겠다. 이러한 의미는 자연의 비경이나 달마의 정한에서 화자에게 정한을 이첩시키고 있는 것으로 나타나기 때문이다. 또 「춘분 단상」에서는 "삼월 즈음하여 (중략) 산수유꽃 면사포 씌운 눈꽃 축제"를 "섬진강 돌아드는 봄기운 마중하듯/ 찾아간 화엄사"의 모습이 "섬진강 푸른 물에/ 봄소식 풀어 놓"기도 하고 지평선 위에서 하루를 열기도 하는 사실의 장면에서 화자의 존재론적 모습을 엿볼 수 있다.

그러나 이것은 표피적인 장면일 뿐, 그 내면의 실

제는 "춘분"을 "화엄"과 동일하게 보고 있다는 사유의 스케일이다. 낮과 밤의 길이가 같아지는 우주의 섭리를 화자는 화엄에 견주어 두고 있다는 사실이다. 화엄이란 게 무엇인가? 화엄은 여러 가지 수행을 하고 만덕을 쌓아 덕과를 장엄하게 하는 일이 아닌가. 우주의 모든 일은 홀로 일어나는 일이 없고 모두가 서로의 원인이 되며, 대립을 초월하여 하나로 융합하고 있다는 법계연기의 개념을 기초로 하고 있다는 불가의 중요한 사상의 하나이다. 이렇듯 춘분을 화엄으로 병치시키는 권상목이 가진 시의 스케일은 "아무 일 없는 무심의 시간"으로, 기울어 가는 하루를 제자리에 있게 하는 일상적인 것에서 나오고 있다.

또 권상목의 시가 지니는 특징 중의 하나가 대상과 화자를 다르게 보지 않고 항상 일치시키거나 동일시한다는 것이다. 「밤하늘」이 그 대표적인 예가 되는 작품이다. "짊어지고 갈 무거운 봇짐"이 두 어깨에 가득하여도 "되돌아가고 싶지 않은 고향의 푸른 언덕"으로 단정하지만 그의 회상 속에는 나일론 양말 구멍 속으로 보이는 듬성듬성 비어 있는 밤하늘이 보이면서 수몰되어 흔적 없이 사라진 옛 마을이 떠오르며 "마을 사람들의 아련한 소식"을 밤하늘의 별에서 기억을 추적해내어 화자와 밤하늘에서 아련한 소식으로 떠오르는 마을 사람들과 일치시켜 놓는다.

이러한 경향은 “두고 온 인연 수미단에 올”리는 「남해 보리암」에서 “속세 인연 지워가는/ 여승의 독경”이 “해변의 먼 파도 소리”에 “짧았던 우리의 인연”을 지우는 것이나, “남도 어느 마을”에서 두 손으로 쪼개 본 「무화과」에서 어릴 적 고향의 담장이 점점 허옇게 시들어 가는 무화과처럼 “낯선 타향 무화과나무에 걸어 놓는” 화자 자신의 처지와 별반 다르지 않음을 깨닫는 것으로 나타나는 것이나, 「눈 속 홍매화」 역시 무화과와 다를 바가 없는 것이며, 「배롱나무」와 「제비꽃」도 모두 그런 경향의 시이고 같은 의미로 쓰였다 하겠다. 「예언」이나 「회상」 같은 시에서는 자기 존재의 인식보다는 권상목이 지나온 시간을 돌이켜보면서 시로 점철해 내는 시적 진실은 삶에 대한 숭고한 자존감과 비장한 각오를 지닌 자의식을 뚜렷하게 갖고 있다는 사실이다. 이러한 뒷배가 그의 시를 추동하고 지탱하게 해주는 커다란 버팀목이 된 것으로 보인다.

단청에 맑은 풍경 한 방울 매달려 있다
오색빛깔 세상 뒤로하고
푸르스름한 머리 깎고

가장 아슬한 투명이 되어있다

가을 산사를 가둔 빗방울,
세상을 가두기엔 너무 맑고
버리기엔 너무 작다
그 안에서 목탁 소리 들리면
처마 끝 기왓장 골마다
공양이 한창이다

한 줄기씩 똑똑 듣는 맑은소리
내 어릴 적 동무 같은 목어는
가끔씩 빗방울 속에 들어
속세의 가쁜 숨을 내쉰다

—「빗방울」 전문

위 시는 권상목이 빗방울을 보며 나타낸 서정이나 성계와 속계의 정한을 화자의 정한으로 자리바꿈을 잘해놓은 작품이다. 빗방울은 "단청에 맑은 풍경한 방울 매달려" "가장 아슬한 투명이 되어" "세상을 가두기엔 너무 맑고/ 세상을 버리기엔 너무 작다"는 미묘한 표현을 함으로써 독자에게 많은 상상력을 유발시킨다. "가장 아슬한 투명"의 빗방울에서 위태롭고 긴박하고 불편한 빗방울로 묘사함으로써 시의 긴장과 화자의 긴장을 동시에 배치시켜 놓는다. 그러나 그 빗방울은 "세상을 가두기엔 너무 맑고/ 세상을 버리기엔 너무 작다"라고 사실적이면서도 여러 의미가 내포된 사유의 방향으로 전환을 시켜놓는다. 여기서 권상목이 시를 부릴 줄 아는 진실과 시 속에 중심을 잡을 줄 아는 힘을 가지고 있다는 것을 짐작하게 해준다. 마지막 연에서 "어릴 적 동무 같은 목어"가 "빗방울 속에 숨어들어/ 속세의 가쁜 숨을 내쉰다"는 결구는 절창 중의 절창으로 시를 맺는 저력을 보여준다. "동무 같은 목어"가 단청 맑은 풍경을 매달고 있고, 아슬한 투명으로 세상을 가두기엔 너무 맑고 세상을 버리기엔 너무 작다고 한다. 그런데 그 빗방울 속에는 동무 같은 목어가 숨어들어서 속세에서의 가쁜 숨을 내쉬고 있다. 권상목에게 빗방울은 단청 맑은 풍경 한 방울이자, 아슬한 투명이며, 동무 같은 목어가 숨어들어 속세에서의 가쁜 숨을 내쉬는 불안하면서도 편안한 물방울 저울 같은 것이다. 그 마음의 경계에 따라 세상을 버리기도 세상을 가두기도 하는 "평상심" 같은 의미로 "빗방울"은 매달려 있다고 본 것이다.

2.

시인에게 시적 대상으로 쓰이는 아버지 또는 어머니는 단순한 혈연관계에서 시를 엮어주는 매체가 아니라 그 모든 것을 아우르는 정서의 대상이자 사유의 폭을 확대시켜 주는 대상이 되기도 한다. 특정한 장소나 자연환경, 특유의 사물 또한 마찬가지다. 물리적 공간에 존재하는 그 모든 것들은 시 이전의 시에서 시 이후의 시로써 비로소 존재의 의미를 갖게 된다.

권상목에게 나타나는 시적 대상은 현재가 아닌 과거에 존재했던 대상들이다. 그는 과거로부터 그 대상들을 현재로 끌고 와 자기 존재 방식에 여러 유형을 솔직하게 늘어놓는다. 거기에는 쓸쓸한 세속의 욕망과 더불어 그것으로부터 벗어나려고 하는 자기 스스로 경계의 정도(正道)를 갖춰 일탈의 수위를 넘지 않는다. 그래서 권상목의 시는 심리적으로 어수선하지 않고, 잘 정제된 순서로 전개를 해 나가며 결구를 맺는다. 이러한 예는 「벌초」에서 숫돌 위에 갈리고 있는 아버지 낫을 보며 움푹 들어간 숫돌 같은 옛길이 아버지의 굴곡진 삶같이 다가와 회한의 눈물을 흘리는 모습이나, 지나는 바람과 이야기하며 "먼 길을 배웅하는" 묘지기의 본분과 "밤이면 낯선 별 하나 품"고 잠이 드는 묘지기의 어려운 생활이 잘 드러난「묘지기」에서 여실히 잘 나타나고 있음을 알 수 있다. 권상목이 시로 나타내는 대상의 상태나 감각은 담담하거나 담대하게 표현되는 듯하나 시가 전개되어 갈수록 회한과 눈물로 얼룩지게 한다.

이것은 권상목의 몸에 밴 불교 의식과 깊은 관계가 있어 보인다. 불교와 밀접한 관계를 갖고 생활하는 그로서는 당연한 결과이고 과정이라고 본다. 거개의 작품에서 그런 일면을 엿볼 수 있는데, 이것 또한 항상 지니고 있는 불법에서 배태된 심성의 한 부류라고 볼 수 있겠다. 예를 들자면 시「배웅」에서 나타나는 "남은 달력 끝자락에 쌓여갈 때/ 먼 길 떠난 친구도/ 아프지 않게 내려놓는다"는 표현에서 알 수 있듯 친구의 죽음을 담대하게 받아들이면서 그는 "습관처럼 내 슬픔도 함께 저"문다며 친구를 아프지 않게 보내준다.

불교 용어에 팔정도(八正道)가 있는데, 권상목이 마치 삶이나 시작업을 모두 팔정도에 연관시킨 것처럼 보일 정도로 너무 자연스럽다. 권상목의 삶이 그러하듯 불사를 받드는 그의 맑은 정신세계는 팔정도의 하나인 정명(正命)의 요소에 잇닿아 있는 것으로 보인다. 이것을 더 확장하여 작품화한 것이 시작품「나그네」이다. "휘어진 등에 올라탄 현실"의 비

정상적인 삶과 사람들의 모습에서 그는 "기대, 기다림, 고독, 배신, 사랑" 등을 끝이 보이지 않는 길 위에 내려놓는다. 산길을 걸어가는 나그네는 타자가 아니며 바로 타자화된 화자 자신이며 결국은 권상목이 웃음을 던지며 가는 "환한 길"에 맞닿아 있는 법문이자 계율을 짊어질 나그네로 나타낸다.

「나그네」 뿐만 아니라 「월명암 가는 길」도 "업장 소멸 금일 참회"하며 월명암으로 가는 권상목의 발걸음은 "서방정토 극락왕생 발원"하듯이 가볍고 경쾌했을 것이다. 그가 가는 "월명암"은 "산상무쟁처"로 어둠 속에 사라지는 변산의 붉은 노을에서 무너진 자리를 바로 세우는 참회와 자비로 서원하는 곳이며, "의상봉 관음봉 산상무쟁처" 같은 부처의 가르침인 삼보(三宝)나 사성제(四聖諦)를 밑바닥에 깔아 그 속내를 숨기며 "월명암"을 은근히 드러내고 있다. 이렇게 대상을 기저에 깔아 놓고 권상목이 실질적으로 시에서 드러내는 중심 화제가 있는 작품으로는 「고향 집」, 「떠나가는 봄」, 「나물 반찬」, 「낙엽에 실어 보낸 날」, 「향운암 마애불」 등이 있다.

> 산사의 풍경소리 바람 속으로 번지면
> 아픈 무릎 감싸 쥐고 길을 나선다
> 천년을 엮은 소나무 숲

한 알 한 알 서원을 담아 오르던 산길
걸음마다 쌓은 수천수만 기도들
낡은 염주 주머니 속
발자국마다 얽힌 인연 끊으며
온몸에 녹아드는 풍경소리
자식 걱정 이웃 걱정
일체중생 업장소멸 소원성취
닳은 무릎 다시 세우며
합장하는 어머니

—「염주 주머니」 전문

위 시는 어머니에게로 향한 애절한 사랑을 나타내고 있다. "천년을 엮은 소나무 숲"같이 늘 푸르고 건강하길 바라던 어머니는 염주 "한 알 한 알 서원을 담아" 산길을 오른다. "걸음마다 쌓은 수천수만 기도들"이 얼마나 많은 어머니의 기도와 걸음걸이로 산길을 오르내렸는지 "낡은 염주 주머니 속"에 들어 있다. "자식 걱정 이웃 걱정/ 일체중생 업장소멸 소원성취" 서원을 하는 어머니의 무릎은 닳아 있다. 그런 어머니가 무릎을 다시 세우며 합장을 한다. "염주"는 천년의 숲이 엮어준 어머니의 분신이자 어머니의 기도를 들어주는 성물이다. 염주는 어머니에게 기도를 하는 필수품이 아닌 자식이며, 이웃인 것이다. 화자의 어머니는 단순히 자식을 위해 염주 주머니가 닳도록 기도를 하는 게 아니라 일체중생의 업장소멸과 소원성취를 빌며 아픈 무릎을 세워 합장을 하고 있다. 여기서 권상목이 세속을 바라보는 쓸쓸함과 따뜻함을 함께 지닌 인정 많은 시인임을 느끼게 해준다.

홀로 된 사연이 흐느끼는 마을

산 그림자에 안겨
잠기는 목소리로
밤마다 누군가를 부르는 소리

동행을 잃어버린
작은 가슴은
외톨이가 된 숨소리만 혼자 남았다

동공에 서린 마음
부둥켜안은 서글픈 사연

자그마한 손 흔들며
헤어짐이 두려운 소쩍새 한 마리

온 밤 사무친 날들도
따뜻한 가슴 그리며 울고 간다

—「판부면 금대리」 전문

「염주 주머니」에서 일체중생의 업장소멸과 소원성취를 위해 기도를 하던 어머니는 이제 산사에 없다. 산사의 풍경소리를 들을 수 없고 "홀로 된 사연이 흐느끼는 마을"에 고립되어 있다. "밤마다 누군가를 부르는" 헛소리를 하며 "외톨이가 된 숨소리만 혼자 남아" 있는 어머니는 육친과의 인연이나 "동행을 잃어버"리고 "동공에 서린 마음" 쓸쓸하고 무상하게 "서글픈 사연"으로 "자그마한 손 흔들며" 가냘프게 서 있다. "헤어짐이 두려운 소쩍새 한 마리"로 우는 어머니의 울음에 화자의 "따뜻한 가슴"도 어머니를 "그리며 울고" 간다. 어머니는 어떤 "서글픈 사연"으로 "판부면 금대리"에 동행을 잃어버린 불안하고 무서운 마음으로 외톨이가 된 채 혼자 남아 있다. 권상목이 지적해 나가는 시의 과정에서 보이는 어머니에게로 향한 마음은 주관적으로 흐르지 않고 객관적으로 걸러서 시의 톤과 주제 의식을 잘 파악하여 낸 작품이라 하겠다.

3.

권상목은 유년의 기억을 통해 과거와 현재를 뛰어넘는 육친의 정한을 애틋하게 잘 포착해 낸다. 거기에다 일상적인 생활과 하루의 삶을 대하는 자세를 가감 없이 잘 정리하여 나타내기도 한다. 그에게 시간은 공간을 추동하는 다른 개념의 시간으로 존재한다. 권상목에게 천년의 시간은 “우물가에 쭈그려 앉아, 손아귀의 온 힘으로/ 빨래의 물을 짜는 어머니(「빨래」)”의 젖은 시간이고, “분단의 아픈 상흔 흐르는/ 임진강 건너편 길에/ 무궁화 한 그루 마음으로 심고 가는(「무궁화」)” 시간이고, “수업이 일찍 끝난 토요일 오후”에 “집 앞마당을 서성이며(「토요일 오후 세 시 버스」)” 그 애가 탄 버스를 기다리는 세 시의 시간이며, “빛조차 외면하던 날들도/ 허공으로 흩어지고” “입술에 머문 말들은 부서”진 “막노동에 내몰렸던 절망의 시간(「삶의 무게」)”이다. 그에게 설렘이나 절망, 또는 그리움의 대상을 응집하고 조명해 주는 물리적인 것들을 환유해 주는 순간과 순간, 시간과 시간은 존재 그 자체를 가로지르며 보여주는 잠시 정지된 스크린이라 할 수 있다.

시간의 궁극적인 의미는 변하면서 변하지 않는다. 시간은 변하나 그 끝은 항상 변함이 없다. 세월만 지나갔을 뿐, 시간은 계속 현대에서 미래로 변해간다.

그러면서 변하지 않는 게 시간이다. 시에서 시간의 단위는 부정적인 것보다 긍정적으로 많이 쓰이고 있다. 작품「천년의 바람 2」에서 나타나듯 "서동 선화의 백제"의 시간을 지금에서도 다시 만나 서동과 선화의 여요(麗謠)(「서동요」) 같은 사랑으로, "천년의 바람 속을 가르며" "오가는 발길마다 가슴마다 들려준다"며 권상목은 "천 삼백 년 먼 시간을 불러"내고 있다. 물론 거기에는 "폐허의 먼지, 미륵산이 간직한 긴 역사"에서 시간의 흐름을 알 수 있고, 천년의 바람 속을 가르며 오가는 이들에게 들려주는 서동과 선화의 천년의 바람 같은 시간은 "장엄한 대도량"을 펼쳤다 사라지는 긍정적 요인으로 작용한다. 사랑은 그만큼 바람같이 무후하고 숭고하고 아름답기 때문이다.

초겨울, 바스락거리는 은행잎
빛바랜 과거 가슴에 묻고
허공을 응시하던 노모의 흔적
바람결에 쓸쓸하다

손등 주름마다
살아온 깊이만큼 골이 되고
나는 눈 감고 그 길 더듬는다

창밖으론 길섶에 흩날리는 은행잎들이
무심한 사람들 발길에
밟히고 짓이겨져 가루로 남는다

한때 저 은행잎처럼
노랗게 반짝이던 청춘도 있었는데
어느새 저 낙엽처럼 세상에 흩어져
쓰라린 시간만 속절없이 보내는 어머니

침대도 모서리도 잠 못 드는 긴 밤
떠날 채비를 하고
창 너머 아득한 골목을 바라보는 눈물
흔적 없이 사라질
바스라진 은행잎, 은행나무 길

—「은행나무 길」 전문

권상목이 시를 통해 많이 지적해 온 대상은 주로 어머니나 아버지이다. 그에게 부모는 근본을 일깨워주는 큰 나무이자 든든한 길이었던 것이다. 이 시는 앞에서 언급한 작품 「판부면 금대리」와 내용적인 측면에서 비슷한 의미를 갖고 있다. 어쩌면 "판부면 금대리"에 그의 어머니가 한 번쯤 지나간 좁다란 길이 있었는지도 모른다는 생각이 든다. 그 길로 어머니를 뵈러 가는 날의 신산한 심정을 실제의 모습으로 잘 짚어낸 작품이 「은행나무 길」이 아닌가 싶다. "바람결에 쓸쓸한 노모의 흔적, 굽이굽이 지나는 회상의 언덕, 침대 모서리, 길섶에 흩날리는 은행잎들, 바스라진 은행나무 길" 등의 표현에서 「판부면 금대리」에서 말 못 할 사연을 추론해 낼 수 있는 몇 가지 사실들을 마주할 수 있다. "은행나무 길"은 어머니의 길이면서 화자가 어머니를 뵈러 가는 길로 두 가지 의미가 중첩되어 있어 "은행나무 길"에서 어머니에 대한 쓸쓸한 회한과 화자의 아픈 정한을 교집합으로 묶어 놓은 듯이 아련하게 다가옴을 알 수 있다. 어머니는 가족의 연인이었다가 늙어서는 "쓸쓸히 허공을 응시하던 노모"로 흔적을 대신해 주는 쓸쓸한 바람 같은 것으로 권상목은 그 자신이 맞닥트린 경험을 시로 잘 획득해 낸다.

권상목이 시를 대하는 자세는 사뭇 진지하고 경건하게 다가온다. 그의 몸에 밴 불교적 의식은 사물이나 대상을 대할 때도 가볍거나 형식적으로 하지 않는다. 「도둑의 예의」에서 사과 서리를 하는 희화적인 장면은 원효성사가 해골물을 먹은 일화에서 유래한 "일체유심조"를 시에다 자연스럽게 연결하여 갖다 쓰고 있다. 가벼운 듯하면서 무겁게 다가와 시속에서 일갈을 하고 있다. 그런 반면에 경상도 사투리로 시작하는 「효자 이야기」에 나오는 어머니를 대상으로 한 작품이나 「시골장터」에서 상품가치 떨어진다 깨진 수박을 아버지와 통째로 갈라 먹었던 아버지를 추억하는 장면이나, 돌아가고 싶지만 돌아갈 수 없는 수몰지구가 되어 흩어진 마을 사람들의 환영을 떠올리는 「옛 마을」도 모두 화자가 직접적으로 관계를 맺었던 어머니와 아버지 그리고 마을 사람들로, 그 시적 대상으로 하여 시의 진실을 불러일으키는 중요한 요소가 되기도 한다.

4.

묵묘는 관리하는 후손이 없어 그냥 방치된 경우이거나 손대기가 겁이 나고 관리하기가 어려운 묘로 오래 방치하여 나무가 자라게 되고 그 나무뿌리가 유해 쪽으로 파고 들어가 묵묘를 만들게 된다. 풀이 무성해지고 나무가 숲을 이룬 묘, 파헤쳐지고 봉분이 사라져 잡초만 자란 곳으로 변해 있는 음습한 묘에서 권상목은 죽음의 이미지가 재생되고 햇살마저 하루를 접는 폐허의 이미지로 묵묘를 사실적으로 지적해 낸다. 권상목이 “묵묘” 연작시를 통해 지적하고자 한 사실은 무엇일까? 인간의 죽음을 되짚으며 인간의 삶을 성찰하고자 했을까. 아니면 묵묘에 갇혀 형체도 없이 사라져 버린 죽은 자들의 영혼에 대한 해방과 자유에 대한 열망이었을까. 묵묘는 아버지에게도 짐이고 자식에게도 짐이다. 그런 묵묘를 잘 아는 화자의 아버지는 조상들 무덤 모두 화장시키고 홀연히 떠나가셨다. 묵묘는 죽음을 받아들이는 곳에서 죽음에서 다시 우주 삼라만상을 돌아다니는 죽은 자에 대한 자유를 주는 엄숙한 공간이기도 하다. 이런 의미에서 권상목은 묵묘 연작시를 쓴 것으로 여겨진다.

(전략)

사대(四大:땅, 물, 바람, 불)로 돌아가고파
청승맞은 묵묘처럼 처연한 봉분
산지기 운명이
휠~휠~ 휠
온 세상 가로지르는
바람으로 불어 간다

—「묵묘 3」 일부

여기서 사대(四大)는 팔정도를 병치하는 사성제

(四聖諦)와 다를 바가 없다. 사대는 생명을 관장하는 육체적인 측면에서 사성제는 육신을 제어해 주는 정신적인 측면에서 서로 유기적인 관계를 형성하고 있기 때문이다. 사성제는 고(苦), 집(執), 멸(滅), 도(道)인데, 권상목이 여기서 집요하게 해결의 대상으로 끌어오는 요소는 도(道)이다. 여기서 도는 원인과 결과, 시작과 끝을 가르는 중요한 가치의 개념이 되기도 한다. 팔정도는 욕락과 고행 등의 극단을 떠난 중도(中道)이며, 올바른 깨침으로 인도하기 위한 가장 합리적인 올바른 방법이다. "산지기 운명"이 팔정도의 불교 교리에 다를 바가 아니며 바른 의식과 이상을 가지고 언제나 맑은 정신(正念)으로 세상을 살아가는 무상의 경지를 가진 사람이 삶과 죽음의 경계에 있는 산지기 또는 허옇게 변해가는 묵묘의 운명이 아닐까 싶다.

선지식을 찾아 나선 어린 선재
산어귀를 돌아 걷다가
절집 마당에 독백처럼 서 있다
종각에 매달린 운판의 공덕일까
여기서는 날짐승들조차 해탈의 소리로 운다
잔설이 남은 산정으로 번져가는
산사의 독경 소리를 따라

한 발 한 발 허물을 벗는 발자국이
허방을 건너 하얀 섬돌을 밟는다
도량 어귀 살얼음 낀 옹달샘에서
찬물 한 바가지 뒤집어쓰고
온몸의 세속업장 녹여 낸다
찬기 가득한 마룻바닥에서
밤낮 이어지는 참회의 무게
하늘 품은 노을과
어둠으로 숨어든 한낮과
그믐달이 들어앉은 바랑과 화엄을 지고
떠나고 싶어도 떠날 수 없는
화천리 백석암

—「백석암」 전문

불교 지식을 잘 알고 있는 권상목이 지은 작품 중에서 사유의 폭이 넓고 많은 것을 느끼게 해주는 작품이다. "선지식, 독백, 해탈, 도량, 세속업장, 참회의 무게, 바랑과 화엄" 등에서 선에 들고 앉아 있는 화천리 백석암을 상상할 수 있다. 백석암을 "선지식을 찾아 나선 어린 선재"로 해서 들어가는 첫 부분이 신선하고 이미지가 밝게 다가온다. 그러다가 "절집 마당에 독백처럼 서 있다"는 표현에서 가부좌로 참

선에 든 모습을 표현해낸다. 마침 종각에 매달린 운판이 해탈의 소리로 울자, 허물을 벗는 발자국이 하얀 섬돌을 밟는 단계에서는 이미 대웅전 부처가 된 듯 세속업장마저 녹여낸다고 한다. 그러나 이러한 일련의 과정은 백석암을 지적해 내는 부수적인 표현일 뿐, 그의 참모습을 보지 못하게 뒷모습을 가려 놓았다. 화자 자신이 생각하기에 이미 세속업장을 다 녹여 낼 정도로 참회의 무게나 해탈의 소리로 가득하다고 느꼈는데, 자세히 보니 "그믐달이 들어앉은 바랑과 화엄을 지고/ 떠나고 싶어도 떠날 수 없는" 대상으로 전경과 후경이 전도된 장면으로 뒤집어 놓고 있다. 이것은 해탈과 구도가 끝이 없는 백석암에 대한 역설적인 표현으로, 다르게 말하자면 "선지식"이나 "화엄"에 대한 공덕이나 정진은 끝이 없다는 것을 꼭 찔러서 일러주고 있는 것이다.

이제 권상목의 『천년의 바람』을 정리하며 그 바람을 멈출까 한다. 그의 시세계는 그가 지닌 불교 지식을 적절히 잘 활용하여 성계와 속계를 넘나드는 감각으로 빚어낸 자연이나 육친의 정한에서 화자의 정한을 쓸쓸하게 또는 맑은 서정으로 획득해내었다. 그의 시적 감각이 "불면의 밤들"로 가득 차거나 "고행의 순간이 낮달처럼" 조금씩 일찍 오더라도 "곤충의 더듬이"로 "눅눅한 동굴을 지나"서 "고운 달빛이 내려 앉"기를 바란다. 그의 「예언」이라는 시에서 자신의 삶이나 시작품을 예언한 것과 같이 이제 우리도 그가 "예언"한 다음에 올 그의 새로운 시를 기다려 보기로 하자.

두 정강이에 골바람이 쓰리듯 지나간다
나그네 살이에 많이도 흘러 다녔던 무릎뼈
심해와 같았던 불면의 밤들
소주 병나발을 움켜쥐고
고행의 순간이 낮달처럼
여명이 지평선 위에 덩그러니 올라올 때
물결 일렁이는 뗏목에
홀로 의지한 듯 고운 달빛이 내려앉는다
저수지 물풀은 밤 이야기를 오롯이
부여잡은 명줄이 되어 나풀거린다
아프고 쓰렸던 두 무릎을 이끌고
까마득하게 지나온 날은
이름 모를 곤충의 더듬이처럼
어디인지도 모를 그곳으로
눅눅한 동굴을 지나 또 가고 있다

―「예언」 전문

축하의 글

김윤근

최상은

자비명상 마가스님

최병민

권상진

보석처럼 빛난 문체

김 윤 근
내남중학교(모교)선생님
前 시골 내남중교사/경주문화원장

흙속에 묻힌 보석처럼 작가는 스스로 내가 보석이요 하지 않았다.

세월 흘러 세상 사람들이 이분이 보석이요 외칠 때 모두는 내 곁에 아름다운 보석이 빛나고 있음을 알았다.

모든 형상에 차이는 인식에 의할 뿐이라 색(色)이 공(空)이 되고 공이 색이 됨을 알고 유무상(有無像)세계를 자유로이 넘나드니 모두를 놀라게 한다.

누구나 고향과 친구를 찾고 싶어 하나 고향 골목길은 변했고 그리운 친구는 그 자리에 없다. 그러나 작가 상목이는 고운 소리, 아름다운 문체로 고향의 봄이 이 속에 있다고 노래하고 있다.

된장 맛 커피

최 상 은

상명대학교 어문대학 학장

現 상명대학교 한국언어문화전공 명예교수

10여 년 전, 달달한 믹스커피만 마시다가 드립커피 맛을 조금씩 알아갈 무렵이었다. 친구와 점심식사 후 카페에서 드립커피를 마셨는데, 된장 맛이 나는 것이었다. 맛이 이상해서 바리스타에게 물어봤다.

"지금 이 커피에서 된장 맛이 나는데, 맛을 제대로 느낀 건가요?"

"맞아요. 서양 사람들은 초콜릿 맛이라고 하고 중국 사람은 춘장 맛이라고 하는데, 우리나라 사람은 된장 맛이라고 해요."

이 말을 듣고 인터넷을 검색해 보니 된장과 커피가 궁합이 잘 맞는 음식이다, 커피와 된장을 적당한 비율로 배합하여 만든 된장라떼가 인기를 누리고 있다는 기사가 줄줄이 떠 있었다. 우리 음식과는 전혀 다르다고 생각했던 커피에서 된장 맛을 느끼고, 된장라떼를 마시는 것은 우리가 한민족이기 때문일 것이다. 커피에 열광하고 있지만, 우리의 혀에는 된장 맛이 배어있는 것이다. 세계인이 뭐라 해도 우리는 커피에서 된장 맛을 느끼는, 된장으로 커피 맛을 만들어 가는 한국인이다.

권상목 시인의 『천년의 바람』을 읽으면, 된장 맛 커피가 생각난다. 된장은 유서 깊은 시골 맛이요, 커피는 수입된 도시의 맛이다. 권 시인의 작품은 비 내리는 도시의 카페에서 마시는 된장 맛 커피와 같다. 권 시인은 도시에 살면서 골프를 치고 위스키를 마셔도, 아버지 같은 시골장터 막걸리의 풍류가 있다. 그는 표준말을 쓴다고 하지만, 그의 말은 고향의 억양이 억수로 강하다. 몸은 도시에 있지만, 그의 눈길은 어머니의 주름살과 하늘거리는 풀꽃에 머물러 있다. 『천년의 바람』은 그윽한 시골 맛이 나지만, 애잔한 도시 감성이 묻어나는 시집이다.

권상목 시인은 7080세대이다. 격변하는 시대의 소용돌이 속에서, 뼛속까지 시골 사람이지만 도시인으로 살아 온 사람이다. 그러니 왜 힘들지 않고 고민이 없었겠는가? 도시인으로 몇십 년을 살았지만, 여전히 밤비 내리는 네온사인 거리를 걸으며 시린 마음 달래고 있는 시골 사람이다. 그렇지만 권 시인은 선적(禪的) 정진으로 그 힘듦과 고민을 삶의 밑거름으로 승화시키고 있다. 실크로드를 확장하여 세계로 진출한 천년 왕국 신라의, 불교로 백성 어루만진 천년 왕도 경주의 정서를 불러일으킨 『천년의 바람』이 시골에서 도시로, 도시에서 저 바다 밖으로 불어 사람들의 마음에 스며들 것이다. 권 시인의 시는 도시에서 시골 찾기이고, 시골에서 사람 마음 어루만지기이다.

『천년의 바람』이 불면, 된장 맛 커피가 당긴다.

시로 빚은 수행의 길

자비명상 마가스님

자비명상(대표), 前 중앙대교수
BBS불교방송 〈그래도 괜찮아〉 진행

권상목 시인의 첫 시집 『천년의 바람』은 진아(眞我)를 찾아가는 수행의 여정을 담고 있다. 그의 시에는 과거의 기억과 상처를 극복하고 미래로 나아가려는 의지가 담겨 있으며, 제비꽃, 무화과, 달마산, 남해 보리암 등 다양한 시적 대상은 화자의 내면을 환유하는 매개체로 작용한다.

특히 '춘분'을 '화엄'에 병치시키는 시적 사유는 우주의 섭리를 불교의 법계연기 개념과 연결지으며, 일상의 순간을 초월적 의미로 확장한다. 권상목은 부처님의 가르침을 따르는 우직한 수행자의 모습으로 기억되며, 그의 법명 '심원(深原)'처럼 깊고 넓은 사유와 정서로 시를 빚어낸다. 이름값을 하며 살아가는 그의 모습은 시 속에서도 고스란히 드러난다. 그는 부모님을 뿌리로 여기며, 나무와 열매가 잘 자라기 위해서는 효를 다해야 한다는 삶의 철학을 시 속에 자연스럽게 녹여낸다. 대상과 화자를 동일시하는 그의 시적 태도는 고향의 기억과 별빛, 무화과나무와 타향의 삶, 여승의 독경과 속세의 인연을 겹쳐 놓으며 존재의 본질을 탐구한다. 『천년의 바람』은 삶에 대한 숭고한 자의식과 비장한 각오, 그리고 불심의 울림이 조화롭게 어우러진 시집으로, 독자에게 깊은 울림과 사유의 확장을 선사한다. 이 시집은 단순한 문학적 성취를 넘어, 수행자의 마음으로 세상을 바라보는 따뜻한 시선과 정갈한 언어의 향기를 담고 있다.

시가 방문객이 되는 순간

선수(善水) 최 병 민

친구(경주고33회)

고려대 국어국문, MP그룹 대표 등 역임, 현 브릿지엠 대표

어느 시인은 "사람이 온다는 건 실은 어마어마한 일이다."라고 했고, 어느 시인은 "대추 한알이 저절로 붉어지고 둥글어질리 없다."라고 했는데 권상목시인의 시집은 내 마음에 방문객이, 가을 대추가 된다.

누군가 시인은 고독하고 힘들고 돈 안되는 길을 만들어 가는 사람이라고, 소설가, 극작가, 작사가 등처럼 '○○가'라고 불리지 않는 직업이라고 하는데 마침내 세상에 시집으로 방문객, 가을대추를 선물로 주는 멋진 친구, 권상목!

축하에 축하를 드리고 세상에 내기 전에 먼저 모두 읽고 마음에 담아 두는 영광을 주어 이 기쁨과 감사를 어떻게 표현해야 될까…

58편을 시를 읽으면서 신라와 놀고, 어린 시절부터 학창시절, 이후부터 어른 시절의 퇴적층에 잠들어 있는 추억을 소환하여 뒹굴었네

그리고 시간과 장소, 현실과 상상을 구애받음 없이 방문하고 마음껏 상상했네

역시 사람은 시를 읽고 시가 되어보고 시를 지어봄이 필요함을 다시 느끼고 깨달았네

AI시대, AI가 세상의 주인공이자, AI가 모든 것이라 말하는 시절이지만 그럴수록 시가 더욱 필요하다고 친구의 시가 어둠 속 빛처럼 다가오네

권상목 시인!

시집 나오면 제일 먼저 서점으로 달려가서 함께할게 온라인에서가 아닌 책의 꽃동산에서 제일로 눈에 보이고 눈을 감아도 향기로 수 많은 책들 속에서 친구의 시집을 찾아 행복을 지으려고…

벌써 친구의 다음 시집이 기다려 지네

살아온 그늘이 모두 환한 시가 되기를

권 상 진

전태일문학상 수상, 시인

시라는 장르가 상상의 영역이라 하더라도 그 상상의 디딤돌은 언제나 현실에 있기 마련이다. 지나온 삶이 어떠했는가를 시시콜콜 말하지 않아도 이번 상재된 시집 『천년의 바람』을 읽다 보면 어렴풋이나마 시인이 디뎌온 현실이 어떠했는가를 알게 된다.

시인은 참 시처럼 살았다.

꿈이 있었겠지만 여의치 않은 집안 형편 때문에 접어야 했고 움켜쥐기보다 베푸는 성정 때문에 늘 경제적 결핍에 시달리면서 혼자 감당해야 했던 외로움의 날들. 시집 전반을 관통하는 고향에 대한 향수와 수행자적 삶의 태도, 그리고 죽음에 대한 관조는 모두 외로움에서 발화되는 것이겠다. 오랜 시간 동안 부모와 가족 그리고 친구와 사회라는 떼려야 뗄

수 없는 존재들 속에서 맨몸으로 부딪히고 깨지며 체득해 온 삶의 방식이 고스란히 담긴 시편들의 이면이 읽혀져 마음 한구석이 내내 아리다.

권상목 시인은 나의 형이다. 가족이라는 굴레 속에서 평생을 함께 살아오고 또 살아가야 할 살가운 형제면서 이제는 시를 함께 사는 특별한 인연이 더해졌다. 더러는 힘겹게 때로는 뜨겁게 살아왔던 형의 시간들이 모두 아름다운 시어들로 촘촘하게 시에 박히기를 소망한다. 외롭고 힘든 시간들을 견디고 시를 살아내는 형이 고맙고 자랑스럽다.

문학세계대표작가선 1071

천년의 바람

권상목 시집

인쇄 1판 1쇄 2026년 1월 10일
발행 1판 1쇄 2026년 1월 20일

지 은 이 : 권상목
펴 낸 이 : 김천우
펴 낸 곳 : **문학세계** 출판부 / 도서출판 천우
등 록 : 1992. 2. 15. 제1-1307호
주 소 : 서울시 광진구 구의강변로 85 강우빌딩 7F
전 화 : 02)2298-7661
팩 스 : 02)2298-7665
http://cafe.naver.com/chunwu777
E-mail : cw7661@naver.com

값 15,000원

ISBN 978-89-7954-977-5